FREUD

100 MINUTOS
para entender
FREUD

2ª edição

astral
cultural

Copyright © 2022 Astral Cultural
Todos os direitos reservados à Astral Cultural e protegidos
pela Lei 9.610, de 19.2.1998. É proibida a reprodução total ou parcial sem
a expressa anuência da editora.

Editora Natália Ortega
Produção editorial Esther Ferreira, Jaqueline Lopes, Renan Oliveira e
Tâmizi Ribeiro
Revisão João Rodrigues
Capa Agência MOV

Dados Internacionais de Catalogação na Publicação (CIP)
Angélica Ilacqua CRB-8/7057

C655   Coleção saberes : 100 Minutos para entender Freud.
-- 2. ed. --   Bauru, SP : Astral Cultural, 2022.
     144 p. (Coleção Saberes)

Bibliografia
ISBN 978-65-5566-270-2

1. Freud, Sigmund, 1856-1939 2. Psicanalistas 3.
Psicanálise

22-4538   CDD 150.195

Índices para catálogo sistemático:
1. Psicanalistas

BAURU
Rua Joaquim Anacleto
Bueno 1-42
Jardim Contorno
CEP: 17047-281
Telefone: (14) 3879-3877

SÃO PAULO
Rua Augusta, 101
Sala 1812, 18° andar
Consolação
CEP: 01305-000
Telefone: (11) 3048-2900

E-mail: contato@astralcultural.com.br

SUMÁRIO

Apresentação	7
Biografia	11
Contexto histórico	21
Ideias: os conceitos elaborados	
por Freud	39
Legado	101
Controvérsias e críticas	115

APRESENTAÇÃO

Nunca antes se produziu tanta informação como na atualidade. Nossos dados estão armazenados em redes sociais, órgãos governamentais e corporações privadas, e se espalham de forma acelerada. Basta procurar um termo na internet para conhecer detalhes da vida ou do trabalho de um político, filósofo, artista, historiador ou cientista. Essa facilidade vem transformando a assimilação dessas informações em uma prática trivial, já que elas estão apenas a um clique ou uma pesquisa de voz.

Mas nem sempre esse conteúdo virtual está alinhado, objetivo ou coerente. E isso confirma que acessar informações é diferente de adquirir conhecimentos. Por isso, a *Coleção Saberes* chega com esse propósito: apresentar ideias e teorias de uma forma organizada, sintetizada e dinâmica. Em aproximadamente 100 minutos, é possível desvendar a mente de um filósofo ou cientista e se familiarizar com suas contribuições para o desenvolvimento cultural e social da humanidade.

Nesta edição, Sigmund Freud, pai da psicanálise, está sob os holofotes. Com pensamentos inovadores para sua época e, muitas vezes, polêmicos, o neurologista conquistou o respeito de diversos estudiosos e deixou um extenso legado para os teóricos e pesquisadores que o sucederam.

Nas próximas páginas, é possível conhecer um pouco de sua biografia e compreender melhor suas principais ideias sobre a estrutura psíquica, as pulsões, a interpretação dos sonhos e a sexualidade, além de entender como a psicanálise é aplicada na atualidade, principalmente em casos traumáticos.

"

1

BIOGRAFIA

igismund Schlomo Freud, futuramente Sigmund Freud, nasceu em 6 de maio de 1856, na região da Morávia. À época, a localidade pertencia ao Império Austro-húngaro e, hoje, faz parte da República Tcheca. Jacob Freud, pai do neurologista, era um mercador de lã casado com Amalie Nathansohn. Quando criança, Sigmund morava com outros dois irmãos do lado paterno e os pais em um quarto alugado até se mudar para Viena (a capital) aos quatros anos. Na cidade, permaneceu por quase oitenta anos.

Freud era incentivado pelos pais e ganhava diversos livros para fundamentar seus estudos. Aos nove anos, tornou-se o primeiro aluno da classe. Três anos depois, já dominava seis idiomas

Coleção Saberes

e, aos dezessete, ingressou na Universidade de Viena. A princípio, seu objetivo não era se tornar médico, no entanto esta era uma das poucas carreiras disponíveis aos judeus.

Por adorar as observações científicas, dedicou-se às pesquisas de fisiologia e de anatomia quando era médico-residente no Hospital Geral de Viena. Tornou-se neurologista e trabalhou durante anos em uma clínica infantil.

Mudança de perspectiva

Em 1886, ao mesmo tempo que sua vida profissional teve grandes movimentações, casou-se com Martha Bernays, com quem teve seis filhos entre os anos de 1887 e 1895. No início do namoro, Freud não ganhava bem, por isso ele e Martha iniciaram um noivado secreto, marcado pela troca de centenas de cartas durante quatro anos. Após esse período, abriu um consultório no qual utilizou seu primeiro método, a hipnose, para lidar com transtornos mentais.

Durante os três anos de noivado, Freud e Martha trocaram mais de novecentas cartas.

No entanto, cada vez mais, Freud se via como um psicólogo e menos como um neurologista, principalmente por conta do contato que teve com os médicos Jean-Martin Charcot e Josef Breuer. Porém, notou que o chamado método catártico de Breuer surtia apenas um efeito temporário para a contenção dos sintomas histéricos e, na sequência, retornavam com a mesma intensidade. Assim, constatou que existia um inconsciente que poderia ser manipulado. Por isso, substituiu a hipnose pelo método da livre associação.

Por meio dessa técnica, o paciente era encorajado a falar tudo o que viesse à sua cabeça. Freud analisava o que era narrado e buscava entender e encontrar os pontos que estivessem além do conhecimento consciente do analisado.

Pesquisas

Em 1896, utilizou pela primeira vez o termo psicanálise, método de investigação que evidencia o significado inconsciente das palavras, ações e produções imaginárias de um sujeito, tornando-o consciente sobre o que provoca o adoecimento próprio. Além da livre associação, a teoria freudiana é fundamentada na interpretação dos sonhos e na influência dos desejos sexuais.

Depois de criar e desenvolver a teoria psicanalítica, seus feitos foram reconhecidos. Todavia, também questionados e contestados, sobretudo pelos tabus que explorou e por ser um judeu em tempos nazistas. Foi nesse contexto de perseguições que Freud deixou Viena com destino a Londres, depois que sua filha Anna foi interrogada pela Gestapo — a polícia secreta do governo alemão. Os livros do psicanalista, inclusive, alimentaram muitas fogueiras nazistas.

No entanto, seu tempo na Inglaterra foi curto. Ele, que eternizou sua imagem com um charuto na mão devido a seu vício, havia descoberto um câncer na boca. Em 23 de setembro de 1939, Freud faleceu. A teoria mais divulgada sobre sua morte descreve seu pedido por uma dose letal de morfina quando percebeu que não havia mais nada a fazer por sua saúde.

PARA FIXAR NA MEMÓRIA

▶ Freud nasceu na região da Morávia, em 1856;

▶ Morou em Viena, na Áustria, por quase oitenta anos, até se mudar para Londres, Inglaterra, devido à perseguição nazista;

▶ O contato com o método catártico de Josef Breuer fez com que descobrisse a existência do inconsciente;

▶ Casou-se com Martha Bernays em 1886;

▶ Em 1896, utilizou o termo "psicanálise" pela primeira vez no artigo A hereditariedade e a etiologia nas neuroses;

▶ Em 23 de setembro de 1939, faleceu devido ao câncer na boca por conta do hábito de fumar charutos.

2

CONTEXTO HISTÓRICO

Em meados do século XIX, devido ao êxodo rural, Viena era uma cidade composta de imigrantes tchecos, húngaros, iugoslavos e, principalmente, judeus. A decadência da Casa de Habsburgo começou quando Napoleão conquistou Viena e a monarquia perdeu territórios que levaram ao fim do Sacro Império Romano-Germânico.

Com a Grande Guerra, o território ficou sem saída para o mar e, em novembro de 1918, Carlos I renunciou ao trono, colocando um ponto-final na história. Por esse fato, quase tudo que o regime Habsburgo representou ficou para trás.

Os intelectuais se preocupavam com o homem racional em uma sociedade que parecia se desintegrar. A burguesia, por sua vez, acredi-

Coleção Saberes

tava que as aparências indicavam o status que cada indivíduo possuía. Assim, buscava manter os hábitos da antiga monarquia: católica e com adoração pela arte.

Porém, a elite não deixava de ser individualista, o que, possivelmente, levou-a à preocupação com a qualidade psíquica. O sexo, no entanto, era apenas provocação e aversão. Ao mesmo tempo que silenciava o assunto, enfatizava-o por meio das regulamentações e ensaios científicos – e a medicina era uma grande aliada no controle da sexualidade e da "loucura".

Amor em poucas doses

Para os médicos, o ato sexual poderia ser perigoso, por isso deveria ser praticado com cautela. Havia uma grande preocupação com a sexualidade das crianças, que se manifestava inclusive na organização escolar, em que as turmas eram separadas. Era necessário evitar os "excessos", como a masturbação. Existiam, inclusive, equipamentos desenvolvidos para controlar os impulsos dos jovens considerados, muitas vezes, doentes. Esses acometidos eram tratados por neurologistas e psiquiatras, apesar de o diagnóstico ser em forma de interrogatório, buscando uma confissão do paciente ou mesmo antecedentes. A partir daí, o tratamento consistia na "purificação".

Inventada pelo cirurgião escocês James Braid, a hipnose se espalhou pela Europa, pois permitia ao médico que eliminasse sintomas ou domesticasse o comportamento de seus pacientes. Ao mesmo tempo, a neurologia buscou encontrar lesões anatômicas que pudessem ajudar a identificar a presença de uma doença. No entanto, as neuroses não revelam mudanças nos órgãos.

A histeria, tão estudada pelo cientista francês Jean-Martin Charcot, era uma entre tantas. Para o pesquisador, a hipnose seria capaz de provocar mudanças importantes no cérebro, capazes de alterar o comportamento de uma pessoa.

Contradições

Freud conheceu os estudos de Charcot em Paris, em 1885. Diferente de outros especialistas, os dois acreditavam que a histeria afetava ambos os sexos e possuía sintomas bem definidos a ponto de ser classificada como uma doença neurológica. A partir dos estudos desses pacientes, o francês elaborou sua teoria do trauma, capaz de gerar um estado hipnótico permanente e provocar sintomas físicos.

No entanto, recusou a presença de um componente sexual nas histórias relatadas pelos pacientes, diferente de Freud, que usaria o tema como ponto de partida para a psicanálise e toda sua pesquisa.

Na época, acreditava-se que apenas mulheres possuíam histeria. O termo tem origem grega: hystera significa útero. A hipótese era de que perturbações no órgão provocavam alterações no cérebro e geravam cegueira, paralisia e surdez.

O discurso que imperava até aquele momento caracterizava a sexualidade humana como algo vergonhoso e até mesmo criminoso. Com o tempo, as gerações passaram a desenvolver traumas devido aos desejos reprimidos, às frustrações e às contradições. Traumas esses que, no futuro,

Coleção Saberes

Sigmund Freud seria responsável por tratar. Afinal, como era possível ter um casal monogâmico como modelo e, ao mesmo tempo, promover bordéis? Ou perseguir a nudez entre quatro paredes e ver a pornografia se espalhar com a disseminação do daguerreótipo?

Futuras gerações

Ao mesmo tempo que os mais velhos tentavam controlar o comportamento e a conduta dos jovens, estes costumavam enxergar a arte como um modo de vida e consumiam folhetins e teatro. Um destaque do momento foi o pintor simbolista Gustav Klimt, que sofreu severas críticas e foi acusado de obscenidade e atentado ao pudor por conta de suas obras.

O conflito era bastante visível. Na política, ainda havia resquícios dos liberais, e movimentos de classes trabalhadoras surgiram para discutir os problemas provocados em decorrência da industrialização e do desenvolvimento urbano. Faltava moradia, comida e condições dignas de trabalho na virada do século.

Viena abarcava diversos sinais da modernidade e novas formas de pensar, ao mesmo tempo que foi palco para intelectuais que defendiam o sionismo (movimento político defensor da formação de um Estado judeu independente e soberano no território palestino), para a solução final proposta pelos nazistas e para o surgimento da psicanálise como um estudo clínico e científico.

Apesar de detestar a cidade, como expressou em cartas escritas à noiva e ao médico e amigo alemão Wilhelm Fliess, Freud permaneceu ali quase sua vida inteira. Ele preferia as artes mais clássicas, mas participou do questionamento às

Coleção Saberes

regras sobre a sexualidade e convenções morais. A discussão não era apenas do psicanalista, mas de artistas, literatos e inclusive daqueles que queriam silenciá-los.

Conflitos históricos

Tempos depois, a Primeira Guerra Mundial (1914 - 1918) provocou a falta de itens de primeira necessidade devido ao embargo econômico dos Aliados. Freud, por exemplo, costumava escrever a seus colegas solicitando alimentos, charutos e até mesmo papel.

Os custos do conflito geraram inflação alta e o fim da guerra significou os últimos dias da Áustria-Hungria. Em outubro de 1918, Viena formou uma Assembleia Nacional para discutir a "Áustria alemã", enquanto, em Praga, proclamou-se o Estado tchecoslovaco. Carlos I tentara impedir o fim do império, mas foi inútil e o tratado de cessar-fogo foi assinado. Assim, os territórios foram separados.

Freud sofreu consequências diretas da Primeira Guerra. Seus filhos participaram de conflitos armados ou foram vítimas das consequências nefastas nos anos seguintes. Seus atendimentos clínicos foram reduzidos e os colegas de pesquisa, recrutados. No entanto, sem congressos e amigos, restou mais tempo para escrever sobre a morte e a agressividade, que o fizeram refletir sobre os fenômenos sociais ao seu redor.

Reflexões para os Tempos de Guerra e Morte

Em 1915, Freud publicou dois artigos que compõem o texto *Reflexões para os Tempos de Guerra e Morte*. São eles: *A Desilusão da Guerra* e *Nossa Atitude para com a Morte*. Para ele, existiam diferenças entre os países que poderiam provocar guerras. No entanto, a civilização seria capaz de resolver esses conflitos de maneiras pacíficas ou então de forma pouco sangrenta.

No primeiro artigo, reconhece que os impulsos primitivos, como a agressividade, são inibidos social e internamente e, no entanto, podem vir à tona a qualquer momento. Na segunda publicação, Freud questiona a relação do homem moderno com a morte e sua negação constante. A partir dessa relação, sentimentos como culpa poderiam surgir.

Em resumo, no texto *Reflexões para os Tempos de Guerra e Morte*, Sigmund Freud tenta explicar o surgimento de conflitos partindo da análise das discussões sobre a própria natureza humana.

"A guerra, em que não queríamos acreditar, estalou e trouxe consigo a decepção. Não só é mais sangrenta e mais mortífera do que todas as guerras passadas, por causa do aperfeiçoamento das armas de ataque e de defesa, mas, pelo menos, tão cruel, exasperada e brutal como qualquer uma delas."

Freud

Apesar de a república ter sido estabelecida em 1919, anos depois, a Áustria assistiu a diversos protestos violentos e também à ascensão de um regime autoritário, que culminou na formação dos partidos comunista e nazista. No entanto, as ideias antissemitas eram comumente disseminadas, tornando possível identificá-las nos tratamentos dados aos judeus.

Assim, em 1938, antes da Segunda Guerra Mundial, quando a Alemanha Nazista ocupou e anexou o território, havia admiradores dando boas-vindas a Hitler. Viena se tornou a principal cidade do Terceiro Reich.

Em alguns momentos durante o conflito, Freud solicitou a ajuda de seus amigos requerendo alimentos, papel para escrever e os charutos que faziam parte do seu dia a dia. Contudo, muitas encomendas eram saqueadas antes de chegarem ao destino final.

Ainda em 1938, o psicanalista deixou Viena com destino a Londres após ele e sua filha Anna serem presos e interrogados pela Gestapo, a polícia secreta do governo alemão. Além disso, alguns de seus livros foram queimados pelos nazistas, principalmente por Freud ser judeu. A princesa Marie Bonaparte, amiga de Anna, foi quem garantiu a fuga da família. No entanto, o tempo de Sigmund na Inglaterra foi curto, falecendo em 23 de setembro de 1939.

PARA FIXAR NA MEMÓRIA

▶ Em meados do século XIX, Viena tinha uma população diversa em nacionalidades;

▶ Após Napoleão conquistar a cidade, a Casa de Habsburgo entrou em decadência até que desaparecesse em 1918;

▶ Intelectuais se preocupavam com a racionalidade do homem e a burguesia concedia muita importância ao status de cada indivíduo;

▶ A sexualidade era um tabu para a sociedade da época e objeto de estudo da medicina. Inclusive, o ato sexual em si simbolizava perigo e, por isso, era recomendado se resguardar e evitar excessos;

▶ Foram realizados os primeiros estudos sobre a histeria e o uso da hipnose para tratamento;

▶ Viena concentrou sinais da modernidade e jovens artistas transgressores em um só lugar;

▶ Com o advento da Primeira Guerra Mundial, Freud sofreu com a falta de itens básicos, pacientes, amigos, filhos e congressos para discutir sua pesquisa. No entanto, o conflito permitiu que tivesse tempo para escrever partes importantes de sua teoria.

3

IDEIAS: OS CONCEITOS ELABORADOS POR FREUD

Além de teorizar sobre a personalidade, a sexualidade entre outros aspectos humanos, Freud também se baseou na prática clínica para elaborar suas ideias sobre os mistérios da mente. Os casos Anna O., de Joseph Breuer, e Dora ilustram como o psicanalista se esforçava para entender as causas dos sintomas de seus pacientes e elaborar uma teoria que abarcasse explicações para neuroses tão comuns à época.

Entre seus principais conceitos e práticas estão a adoção da livre associação como método terapêutico, a interpretação dos sonhos, a esquematização do aparelho psíquico, o polêmico uso da cocaína como tratamento, a formulação do complexo de Édipo, a descrição das fases da

Coleção Saberes

sexualidade e o desenvolvimento de conceitos como pulsões, recalcamento, repetição, transferência e narcisismo. Contudo, muitas dessas ideias, ainda hoje, permanecem em construção nos trabalhos dos discípulos de Freud.

Ideia 1 - As influências do caso Anna O.

Quando Freud ainda frequentava a faculdade de medicina, o fisiologista austríaco Josef Breuer aplicava a hipnose em seus pacientes para que falassem sobre as origens dos distúrbios que apresentavam. Um de seus casos mais famosos foi Bertha Pappenheim, mais conhecida como Anna O. Após a morte de seu pai, a jovem começou a apresentar sintomas comuns à histeria. De acordo com os relatos de Breuer, após dois anos de tratamento, os sintomas desapareceram. Muito disso se devia ao método catártico aplicado pelo fisiologista, o que permitia encontrar o fato traumático e liberar a carga de afeto guardada pelo paciente. Contudo, a história não terminou da melhor maneira possível.

Bertha era uma jovem de 21 anos muito inteligente, absorvia informações com facilidade e possuía talento para escrita. Com o adoecimento do pai, em julho de 1880, por quem sentia grande afeição, começou a apresentar aversão aos alimentos, o que gerou anemia e debilidade. O caso piorou quando soube que não poderia mais cuidar do pai. A partir de dezembro, surgiram outros sintomas: estrabismo convergente, paralisias, rigidez muscular, perda de sensibilidade, mudanças de humor (angústia e melancolia ou agressividade), alucinações, problemas de audição e distúrbio de linguagem, como a mistura de idiomas e a utilização apenas de verbos em suas

Coleção Saberes

frases. Dessa maneira, foi diagnosticada com histeria e submetida à hipnose e à "cura pela fala".

O estilo de tratamento adotado por Breuer fascinou Freud. Por isso, anos mais tarde, resolveu empregar o método em seus clientes. Contudo, deparou-se com o fenômeno da defesa, em que, ao serem questionados sobre o fato traumático, os pacientes apresentavam certa resistência para trazer as ideias que causaram os sintomas à consciência. No entanto, o famoso caso da jovem Anna O. não influenciou apenas no aspecto de investigação da clínica psicanalítica, mas também na formulação dos conceitos de transferência, contratransferência e da livre associação.

Reviravolta

Apesar de Breuer ter escrito, em *Estudos sobre a histeria*, que a paciente desejou encerrar o tratamento em uma data específica, o que de fato motivou o fim do atendimento foi o fenômeno da transferência.

O fisiologista falava muito sobre Bertha, mas alegava que se tratava apenas de interesse pelo caso, sem qualquer cunho emocional. Sua esposa, no entanto, pensava de forma diferente e sentia ciúme da situação. Por isso, Breuer abandonou o caso.

A paciente, ao saber da notícia, entrou em uma crise com contrações abdominais semelhantes às sentidas durante o parto. De acordo com a história, ela teria dito: "Agora chega o filho de Breuer". Chocado, o fisiologista a hipnotizou e viajou com a esposa para Veneza, dando fim aos atendimentos. Seu equívoco foi ter desconsiderado o componente sexual, estudado posteriormente por Freud.

O fenômeno da transferência

O conceito foi elaborado para designar a mobilidade dos processos de desejos presentes no inconsciente e para expor o fato que, devido à resistência, as representações de desejos infantis se deslocam para representantes substitutos do inconsciente. Ou seja, o desejo inconsciente se vê obrigado a se movimentar de uma representação a outra utilizando substituições e trocas.

Nesses casos, durante a análise clínica, o analista pode tomar o lugar da imagem paterna ou materna, o que possibilita o paciente a resistir à recordação e à verbalização. O analista é destituído de suas características reais e adquire outros atributos e significados no inconsciente do paciente.

Por isso, transforma-se em um substituto para a representação recalcada e é supervalorizado pelo analisado, o que pode prejudicar o tratamento.

> Em 1893, Breuer e Freud publicaram juntos *Comunicação preliminar*. Dois anos mais tarde, foi a vez de *Estudos sobre a histeria*, que marcou o início do afastamento entre os teóricos.

Em *A Interpretação dos Sonhos*, Freud recomendou a análise do material inconsciente que sofreu o processo de transferência. Assim, para alcançar o modelo primário, era preciso partir do conteúdo manifestado pelo paciente.

A descoberta foi importante para a pesquisa porque permitiu acessar o inconsciente, seja por meio do sonho, do sintoma, da dimensão simbólica das palavras ou da relação do paciente com o analista. Posteriormente, a tríade transferência, repetição e pulsão se tornaria importante para compreender a psicanálise.

Ideia 2 - Repetição

Em 1914, Freud elaborou *Recordar, repetir e elaborar*, em que apontou diferenças entre a hipnose e a clínica analítica baseada na livre associação, apesar de ambas focarem a lembrança do passado (reminiscência).

Ao atender a paciente Dora, descobriu um novo elemento decisivo em sua teoria: a repetição. Freud notou que, enquanto analisava os eventos passados da paciente, ela desenvolvia um mecanismo que a fazia reproduzir o acontecimento, por meio da atuação, sem ter consciência. Ida Bauer (o verdadeiro nome de Dora) tinha apenas dezoito anos e um único irmão mais velho, que se tornou seu modelo de vida. Contudo, nos últimos anos anteriores ao tratamento, eles se afastaram. Em discussões familiares, o irmão costumava apoiar a mãe, o que fez Dora se aproximar do próprio pai.

O primeiro acontecimento que a jovem mencionou ao psicanalista foi a amizade desenvolvida com Sr. K e Sra. K. A mulher tinha uma ótima relação com seu pai. Já o homem, mais velho, sempre foi amigável, levou Dora a passeios e concedeu-lhe presentes. Então, começou a fazer propostas amorosas à jovem. Em uma ocasião, Sr. K roubou um beijo que provocou repugnância em Dora, apesar de uma sensação de excitação sexual.

Entre seus sintomas estavam a renuncia à fala, quando o amado estava longe, e uma tosse espasmódica. Além disso, Freud analisou dois sonhos. No primeiro, a casa estava em chamas e sua mãe queria salvar uma caixa com joias, enquanto o pai desejava salvar os filhos. No segundo, tentava chegar à estação de trem, mas não conseguia, o que provocou angústia.

Coleção Saberes

A análise levava o psicanalista a crer que o afastamento do pai faria com que ficasse recuperada. Para Dora, o pai era a representação do que ela não poderia ser, ao mesmo tempo que o amava. Já a Sra. K representava a função feminina que sua mãe não ocupava. Contudo, após dezembro de 1900, por vontade própria, ela desiste do tratamento, o que leva Freud a discutir os conceitos de transferência e repetição.

Freud chegou à conclusão de que existem dois tipos de repetição: a do "mesmo" e a diferencial. A primeira se assemelha à reprodução, enquanto a outra é interpretada como fonte de transformações. Anos depois, o conceito de repetição o ajudou a fundamentar a explicação de pulsão de morte.

Na prática clínica, a repetição é vista como o impossível de ser recordado, trata-se de uma retomada ao ponto inalcançável. Por isso, marca-

50

ções, construções e intervenções podem ajudar o paciente a enxergar a situação por outra perspectiva. Em muitos casos, observam-se nos pacientes os sentimentos de angústia e estranheza em relação ao próprio discurso.

"O paciente não recorda coisa alguma do que esqueceu e recalcou, mas expressa-o pela atuação ou atua-o. Ele o reproduz não com lembrança, mas como ação; repete-o sem, naturalmente, saber que o está repetindo".

Freud

Ideia 3 - O uso da cocaína

Sigmund Freud receitou e fez uso da cocaína durante anos. Contudo, era vista como uma droga tera-

Coleção Saberes

pêutica. O austríaco ingeria pequenas doses do pó dissolvido em água, além de receitá-lo para seus pacientes, familiares e à própria noiva. Após ser isolada pela primeira vez na década de 1860, a substância se popularizou e passou a ser comercializada em farmácia. A empresa americana Parke Davis, por exemplo, vendia a cocaína em forma de pó, cigarros e até mesmo líquido injetável. Freud chegou a fazer um parecer técnico sobre a qualidade da substância para o laboratório.

Devido ao entusiasmo, parte do lote comprado para estudos foi utilizado em testes de anestesias locais. Um colega de Freud aproveitou a oportunidade e descobriu o uso como anestésico ocular, o que revolucionou as cirurgias de catarata na época. Contudo, poucos eram os efeitos conhecidos da cocaína. Um dos casos emblemáticos foi o de Ernst von Fleischl-Marxow, um colega de residência hospitalar. Após um acidente, o homem adquiriu uma infecção e passou a utilizar morfina para lidar com a dor. Freud percebeu o sofrimento do amigo e receitou a cocaína para reduzir a dependência do opiáceo. Porém, um vício substituiu o outro.

Fracasso e adeus

Dois anos após a morte de Ernst, Sigmund Freud publicou um artigo científico recomendando que a cocaína não fosse utilizada em pacientes que já possuíam dependência química. A partir desse momento, iniciou a investigação sobre a qualidade viciante da substância e o psicanalista recomendou que todos seus pacientes parassem de utilizá-la. Apesar de deixar de prescrevê-la, Freud manteve o uso pessoal durante alguns anos com o intuito de aliviar sintomas de depressão, a enxaqueca e a sinusite.

Coleção Saberes

Em 1914, a cocaína foi proibida nos Estados Unidos. Freud, então, destruiu boa partede suas pesquisas. Os artigos que sobraram, no entanto, foram reunidos sob o título Über Coca (Sobre a Coca, em tradução livre) por sua filha Anna Freud.

Ideia 4 - O "aparelho psíquico"

Freud não foi o pioneiro nos estudos sobre o inconsciente humano. Antes dele, o filósofo alemão Gottfried Leibniz (1646-1716) desenvolveu uma teoria sobre espécies de "átomos" que constituíam todas as coisas. A soma dessas "partes" produziria pequenas percepções inconscientes, produzindo uma nova noção sobre o pensamento, capaz de superar a consciência.

Anos depois, o psicofísico Gustav Fechner (1801-1887) criou a conhecida metáfora do iceberg, em que a consciência seria somente a ponta do bloco de gelo – ideia que despertou o interesse de Freud. A hipótese era de que certas enfermidades poderiam ter origem na psique.

Em *Sobre a Concepção das Afasias* (1891), Freud resolveu analisar a psique humana a partir da separação entre processos conscientes e inconscientes. Quase dez anos depois, apresentou sua teoria em *A Interpretação dos Sonhos*. Contudo, foi apenas no artigo *O Inconsciente* que o pai da psicanálise adotou o pressuposto de que, para todo evento, há uma causa.

Em outras palavras, mesmo que um acontecimento pareça "espontâneo", ele ocorre por conta de eventos anteriores que se conectavam de alguma maneira. Essa conexão, que parecia não ter explicação aparente, poderia ser entendida por meio de uma "suposição do inconsciente". O conceito seria capaz de explicar as lacunas na consciência

Coleção Saberes

humana, ou seja, os atos que somente poderiam ser explicados pela pressuposição de outros.

O que é o inconsciente?

A definição clássica do termo apareceu em *A Dissecção da Personalidade Psíquica*, em 1933. A partir da metáfora do iceberg proposta por Fechner, Freud conceituou que apenas uma pequena parcela da personalidade é orientada pela consciência, enquanto o inconsciente é responsável por quase tudo que fazemos.

Em outras palavras, essa "parte da mente" carrega elementos instintivos, o material reprimido pela consciência e as fontes da energia psíquica. No inconsciente, encontram-se os medos, as motivações egoístas, os impulsos sexuais inaceitáveis, os desejos irracionais e as experiências infantis que foram traumatizantes.

Já a consciência, por sua vez, é tudo aquilo que o ser humano entende como realidade. Além dessa parte, há a pré-consciência, conhecida como a parcela do inconsciente que pode vir à tona com facilidade, como as memórias acessíveis.

Entre os exemplos de memórias acessíveis estão datas de aniversário, cheiros e músicas que trazem lembranças etc. Essas informações se encontram no limiar da consciência de forma difusa.

"Estar consciente é, em primeiro lugar, uma expressão puramente descritiva, que invoca a percepção imediata e segura."

Descreve Freud no livro

O Ego e o Id

Coleção Saberes

Ideia 5 - Ego, id e superego

Em momentos da vida, é comum a pessoa desejar fazer algo, mas refletir sobre as consequências de seus atos e preferir esquecer o assunto. Contudo, isso não impede a emersão de certas loucuras, como brigar com alguém que provocou raiva ou satisfazer desejos sexuais. Entretanto, há aquelas que deixam o prazer falar mais alto e colocam o bom senso de lado.

Esse tipo de situação, para Freud, era um exemplo de como o id, o ego e o superego — os três elementos da personalidade — atuam juntos para formar os complexos comportamentos humanos. A princípio, a discussão sobre o tema foi publicada em *O Ego e o Id*, de 1923, em que o psicanalista demonstrou como cada uma dessas estruturas é capaz de orientar a interação humana com o mundo e com as outras pessoas.

Ego

É o componente responsável por lidar com a realidade por meio da organização coerente dos processos psíquicos. Está ligado à consciência, responsável por controlar os acessos à descarga de excitações no mundo externo (motilidade). O ego domina os processos parciais e ainda provoca a censura nos sonhos. Em poucas palavras, é um sistema de equilíbrio entre o id e o superego. Ou seja, garante que os impulsos do id sejam expressos na realidade de forma adequada e socialmente aceitável. Para Freud, o ego surge a partir do Complexo de Édipo, quando o indivíduo aprende o que não deve fazer. Recebe as experiências exteriores vividas pelo indivíduo e é o que regula sua vida. No entanto, sofre constante pressão do id e do superego. Então, cria mecanismos de defesa, como projeção, negação,

idealização e sublimação. Possui uma parte inconsciente, pré-consciente e consciente.

Id

Totalmente submerso no inconsciente, simboliza o princípio do prazer, exigindo satisfação
imediata dos desejos. Segundo Freud, é o único
componente da personalidade que está presente
no ser humano desde seu nascimento. Trata-se
de uma característica do inconsciente, regida pelo
princípio do prazer individual e onde se encontram
as pulsões de vida e de morte.

O id se esforça para que as vontades sejam
saciadas de forma imediata, contudo, por conta
das proibições sociais, é impossível que tudo se
realize. Assim, desenvolve imagens mentais com
o intuito de realizar as vontades e, dessa maneira,
cria os estados de tensão e ansiedade. De acordo

com o psicanalista, o id é muito importante para as crianças, pois ajuda a demonstrar se estão com fome ou dores por meio do ato de chorar.

Superego

Fornece o senso de certo e errado a partir dos padrões morais adquiridos nas relações sociais. Desenvolve-se desde os cinco anos de idade, quando a criança assimila comportamentos aprovados pelos modelos de autoridade (os pais, por exemplo), e descobre que andar conforme as regras pode promover realização ou orgulho. Caso contrário, provoca culpa e remorso. O superego suprime os impulsos do id e controla os atos do ego porque é responsável por produzir os julgamentos, oferecendo recompensas, como orgulho e aceitação, ao que é considerado um bom comportamento e punições às más atitudes. Assim, almeja a perfeição moral. É responsável pela introjeção das regras conforme cada ambiente social e cultural. Dessa maneira, julga as ações do id e do ego, provocando sentimentos como culpa e inveja.

Iceberg de Freud

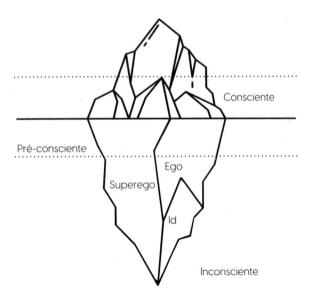

Ideia 6 - O Complexo de Édipo

O Complexo de Édipo ajudou Freud a esclarecer o funcionamento do inconsciente e ajudou a investigar a sexualidade infantil e suas consequências na vida adulta. Como inspiração, o psicanalista utilizou o mito de Édipo Rei, que conta a história do filho que assassinou o próprio pai e casou-se com a mãe biológica.

Segundo pesquisas, a sexualidade humana começa a se manifestar ainda na infância. Tendo em mente um sujeito do sexo masculino, Freud afirmou que, desde cedo, meninos são envolvidos em uma rede de relações que formam sua personalidade e também desenvolvem uma catexia objetal intensa pela mãe, figura que os alimenta e protege.

Em outras palavras, direcionam a afeição a ela. Contudo, também se identificam com o pai quando este se mostra como protetor. Em casos em que a atitude paterna é diferente, os meninos podem temê-lo.

Na psicologia, catexia se refere à concentração de energia psíquica em um determinado objeto. É ainda uma representação mental em forma de lembrança, pensamento ou fantasia em relação a um objeto.

Em geral, a afeição pelos pais evolui ao mesmo passo até que os desejos sexuais dos meninos em relação à mãe se tornam cada vez mais intensos. Então, o pai passa a ser visto como obstáculo, ganhando uma "vestimenta" hostil e provocando, no menino, o desejo de se livrar dele, com o intuito de ocupar seu lugar junto à mãe. Este é o Complexo de Édipo.

Nessa fase, a relação da criança com o pai passa a ser ambígua porque amor e ódio convivem ao mesmo tempo. Já o afeto pela mãe é intensificado. Com o amadurecimento e a proximidade da puberdade, as relações edipianas começam a ser demolidas ou abandonadas pelos meninos. Ou seja, a criança pode se identificar com a mãe ou intensificar a identificação com o pai.

Em relação às meninas, no Complexo de Electra, o desfecho pode ser uma intensificação ou estabelecimento de sua identificação com a mãe, o que fixará o caráter feminino.

De acordo com Sigmund Freud, o Complexo de Édipo ocorre entre os três e cinco anos de idade. A fase seguinte, que dura até as primeiras mudanças da puberdade, foi denominada de latência. Contudo, é possível que resquícios voltem a se manifestar na vida adulta, com intensidade e periodicidade variadas. Por isso, o complexo é visto como um elemento importante na formação da personalidade.

Tragédia grega

Laio, rei de Tebas, era casado com Jocasta. Um dia, resolveu procurar o oráculo para saber seu destino. Então, foi advertido de que, caso tivesse filhos, a família real e todo o reino seriam vítimas de desgraças. Mesmo assim, o casal resolveu ter uma criança: Édipo.

Após o nascimento, Laio e Jocasta retornaram ao oráculo. Este afirmou que o menino estava destinado a ser o assassino do próprio pai e que se casaria com a mãe biológica. Então, o casal ordenou aos seus súditos que abandonassem a criança longe do reino com os pés amarrados. Entretanto, Édipo foi recolhido por pastores, que o levaram ao rei Polibo, de Corinto. A figura real, então, o adotou como filho legítimo.

Já adulto, Édipo consultou o oráculo, que revelou a profecia. Assim, para evitar uma tragédia em Corinto, deixou seu reino e seguiu rumo a Tebas. No caminho, encontrou-se com Laio em uma passagem estreita. O rei, então, ordenou que abrisse caminho. Ofendido, Édipo começou uma discussão e acabou lutando com Laio, provocando sua morte. Sem saber, o jovem havia cumprido parte de seu destino ao assassinar o pai biológico.

No caminho, cruzou com a Esfinge, que lançou o desafio: "Qual é o animal que tem quatro patas pela manhã, duas ao meio-dia e três à noite?". Édipo respondeu que era o homem, afinal o amanhecer representava a criança engatinhando;

Coleção Saberes

o entardecer, a fase adulta; e o anoitecer, a velhice em que se usa a bengala.

Após derrotar o monstro, seguiu para Tebas, cidade em que foi recebido como herói e aclamado como rei. Depois, casou-se com Jocasta, sem saber que se tratava de sua mãe, e tiveram filhos.

Então, uma peste destruiu o reino e Édipo procurou o oráculo para saber o motivo dessa maldição. Este, então, revelou que o novo rei havia cumprido a segunda parte da profecia. Ao saber da história, Jocasta comete suicídio e Édipo fura os próprios olhos por ter permanecido cego e não reconhecido a própria mãe. A história termina com o pedido de exílio e para que cuidem de suas filhas.

Ideia 7 - A interpretação dos sonhos

Segundo Freud, a chave para decifrar os pensamentos humanos estava na hora de dormir. Em *A*

Interpretação dos Sonhos (1899), afirmou que estes eram a estrada real que conduzia ao inconsciente. Ele defendia que as imagens oníricas se tratavam do ponto de partida para as associações livres, que conduziriam os pensamentos inconscientes escondidos atrás dos sonhos, sintomas e recalques.

A tese defendida por ele era a de que os sonhos existiam para elaborar, por meio de simbolismos, conteúdos emocionais mal resolvidos. Apesar de se apresentarem de forma fragmentada e desconexa, eles seriam capazes de serem interpretados, o que, para o psicanalista, permitia reduzir o impacto da censura consciente e, da mesma forma, fazer com que fragmentos inconscientes aflorassem.

Os sonhos, então, seriam exemplos do processo primário do funcionamento do aparelho psíquico, pois estariam relacionados à diminuição

Coleção Saberes

das necessidades orgânicas e possibilitariam o desligamento de estímulos externos, tornando supérfluos processos como atenção, raciocínio e linguagem.

"A interpretação de sonhos é a via real que leva ao conhecimento das atividades inconscientes da mente."
Freud

Categoria dos sonhos

De acordo com o que fora proposto por Freud, existem dois tipos de conteúdo nos sonhos. O primeiro é o manifesto, ou seja, tudo aquilo que aparece durante o sonho e se pode relatar durante o período em que está acordado, mesmo que não faça sentido a princípio.

O segundo é o latente, uma suposição de que o conteúdo presente no sonho, em seu relato ou na associação livre a partir dele, possa provocar uma fala baseada em elementos que existiam no sonhador de forma inconsciente.

Em seus estudos, Freud elencou seis características do processo onírico:

1. Os sonhos são realizações de desejos. Freud atribuiu a eles a contemplação das vontades humanas mais íntimas. Assim, os sonhos seriam responsáveis por produzir o modelo de experiência e satisfação.

2. As ideias oníricas são de caráter alucinatório. Ao fechar os olhos, os humanos alucinam. Contudo, ao abri-los, passam a pensar com palavras. Freud ainda expôs que o sonho oferece a possibilidade de regressão do paciente.

Coleção Saberes

3. As conexões dos sonhos podem ser contraditórias, absurdas ou loucas. Isso ocorre devido à compulsão associativa, em que catexias coexistentes devem se colocar em conexão mútua, e ao esquecimento provocado por insuficiente catexia do ego. Assim, na recordação, o paciente tem acesso a algumas partes dos sonhos.

4. Os sonhos exigem descarga motora. Para Freud, isso explicava porque muitos ficavam paralisados durante o sonho.

5. A lembrança dos sonhos é fraca. Por isso, causam poucos danos quando comparados com outros processos primários.

6. Nos sonhos, a consciência fornece qualidade tal como na vida desperta. De acordo com Freud, isso ocorre porque não se restringe ao ego.

Ideia 8 - As fases da sexualidade

Na época em que Freud viveu, falar sobre sexo, principalmente no que se refere ao prazer, era polêmico. Contudo, foi o psicanalista quem afirmou que, por trás de todos os tormentos humanos, existia uma relação conflituosa com o aspecto sexual. Sigmund ainda estabeleceu que a pulsão sexual era a principal força da psique humana e lutar contra ela poderia provocar sofrimento e sintomas físicos.

O psicanalista se propôs a investigar as origens da infelicidade e descobriu que, desde o berço, há traços da personalidade em formação, até mesmo quando se trata de sexualidade. Isso fez com que a inocência atribuída às crianças fosse questionada e possibilitou a Freud a classificação de cinco estágios do ser humano até alcançar a sexualidade adulta.

> Em 1905, Freud publicou os três ensaios sobre a Teoria da Sexualidade, em que discutiu o desenvolvimento psicossexual e a relação da sexualidade com a infância.

No entanto, ocorrências negativas em qualquer uma dessas fases poderiam deixar marcas profundas na personalidade do indivíduo, que seriam carregadas por toda a vida. Outra contribuição de Freud foi descobrir que, em cada um dos estágios, a excitação ocorre em diferentes partes do corpo, conhecidas como zonas erógenas.

Estágios

1. **Fase oral:** ocorre até um ano de idade. É por meio da boca e dos lábios que o bebê vivencia os primeiros momentos de prazer. O seio materno, ao mesmo tempo

que provoca uma sensação agradável, sacia a fome. Assim, o prazer é associado à necessidade de sobrevivência. Por conta disso, a criança tende a levar à boca tudo o que segura em suas mãos.

2. **Fase anal:** acontece entre um e três anos de idade. A criança começa a estabelecer controle sobre seus esfíncteres, assim a libido se transfere para a área do ânus. Depois, a excitação será convertida para genital. É na fase anal em que a criança aprende a aproveitar o ato de reter as fezes para, depois, desfrutar do prazer e do alívio quando atravessam o ânus.

3. **Fase fálica:** costuma acontecer entre os três e seis anos. A libido é direcionada para a genitália e está ligada à micção. Surge o desejo constante de manipular

os órgãos sexuais. Dessa maneira, há a curiosidade e vontade de observá-los em outras pessoas. Nessa fase, começam a surgir os conceitos de masculino e feminino. Inexiste a vergonha em se despir.

4. **Fase de latência:** entre os seis e dez anos. A libido é temporariamente direcionada para o desenvolvimento intelectual e social da criança. Muitos pais punem ou desencorajam os impulsos sexuais dos filhos. Por meio das frustrações, descobre que não terá satisfação imediata. Não há uma zona erógena específica, pois a energia libidinal passa a ser investida em um objeto que não o próprio corpo. Há o desenvolvimento da vergonha e da moralidade.

5. **Fase genital:** a partir dos onze anos. Começa com o início da puberdade e dura

toda a vida. O jovem busca um objeto de amor fora do contexto familiar e abandona a identidade infantil. Além disso, aprende a lidar com conflitos internos que, se mal resolvidos, podem provocar sofrimento.

Ideia 9 - Pulsões

Ao longo de sua vida, Freud modificou, eliminou e acrescentou conceitos e reflexões acerca do tema das pulsões. Por isso, há muita confusão e dualidade sobre o assunto.

A princípio, ele distinguiu dois grupos de pulsões primordiais: as de autoconservação, conhecidas como do eu, e as pulsões sexuais. Entretanto, somente em 1920, com a publicação de *Além dos Princípios do Prazer*, surgiu um novo dualismo: pulsões de vida (que englobam as sexuais e de autoconservação) e de morte.

Estas últimas, até a publicação de *O mal-estar na cultura*, em 1930, eram muito ligadas ao sadismo, ao masoquismo e à agressividade em relação à sexualidade. Com o texto, começaram a ser compreendidas como a pulsão da destruição própria do ser humano.

Para Freud, a função primordial do sistema nervoso era eliminar qualquer excesso de excitação que pudesse experimentar. Isso consistiria na busca incessante pelo retorno à situação de paz absoluta, sendo a morte uma volta ao inanimado. Todavia, devido à existência da pulsão de vida, o organismo buscava a autopreservação para evitar o suicídio. Dessa forma, as pulsões devem ser vistas como complementares e não como forças contrárias.

Um dos exemplos mais simples dessa interatividade seria a agressividade humana. Visando à autopreservação, o organismo poderia direcionar a energia para o exterior em forma de destruição ou raiva. Isso explicaria porque muitas pessoas têm comportamento sádico ou masoquista, pois, ao encontrar a satisfação ou saciar a necessidade, repetem o comportamento.

Entretanto, caso essa energia não seja capaz de encontrar um objeto externo, retorna novamente ao ego (sua fonte) em forma de autoagressão e masoquismo. Dessa maneira, para Freud, o ser humano teria a tendência a destruir outras coisas ou pessoas para evitar a destruição de si mesmo.

Prazer e autoconservação

As pulsões de caráter erótico, por sua vez, convivem com e necessitam das pulsões de agressão e destruição para saciar os desejos.

Essa hipótese seria capaz de explicar porque o amor possessivo pode levar às agressões contra a pessoa que, na verdade, deveria ser protegida pelo amante.

O masoquismo também poderia surgir a partir dessa relação ambígua e se intensificar devido ao retorno do sadismo ao ego, abrindo espaço para o masoquismo moral, causador da autodestruição. Somado ao componente erótico, esse fator pode destruir a satisfação libidinal.

Ideia 10 - Recalcamento

Apesar de o recalque ser um processo interno elaborado pelo indivíduo, ele ocorre devido a regras externas à pessoa. A ideia surgiu a partir dos estudos sobre a defesa, que tratavam dos mecanismos utilizados pelo paciente para reduzir ou ainda suprimir um trauma vivido. Contudo, só foi formulada quando o inconsciente passou a ser visto como um sistema. Assim, o recalque seria responsável por distinguir a pré-consciência da consciência.

Segundo Freud, o conteúdo presente no inconsciente tenta, a todo momento, acessar a consciência em busca de satisfação. Entretanto, depara-se com a censura, visto que o prazer seria capaz também de produzir o desprazer devido às exigências do consciente e do pré-consciente. Por conta disso, o desejo é obrigado a permanecer no inconsciente, emergindo apenas em forma de sintoma ou sonho.

O recalque, nesse caso, seria um impedimento da atividade do inconsciente para evitar o desprazer. Sua função, então, é rechaçar algo da consciência e afastar isso dela. Dessa forma, faz com que o desejo não chegue à fala ou à consciência. Contudo, não impede uma possível representação modificada.

"O recalcamento é o pilar
fundamental sobre o qual
descansa o edifício da psicanálise."
Freud

Recalque originário e propriamente dito

Para explicar o funcionamento, Freud definiu três fases: a fixação, o recalque propriamente dito e o retorno do recalcado. A primeira se trata do recalque originário, anterior à constituição do inconsciente. Nesse momento, determinadas representações passam a se comportar como recalcadas e a se atraírem. Em outras palavras, é a fixação da pulsão em uma determinada representação.

O recalque propriamente dito corresponde aos derivados psíquicos da representação atingida pelo recalque originário ou ainda sobre os caminhos que levam a ela. É responsável pela manutenção do sistema inconsciente.

Sua importância está fundamentada no fato de que, a partir dos derivados, é possível obter o material recalcado e entender como é capaz de burlar as defesas do eu e adquirir expressão consciente. Isso se deve porque as expressões recalcadas lutam constantemente para acessar o consciente.

Em seus escritos, o que Freud denomina como retorno do recalcado é a volta deformada ou mesmo distorcida do desejo recalcado, de forma que se expresse no consciente sem produzir desprazer. Para que isso ocorra, são necessárias três condições: enfraquecimento do contra-

Coleção Saberes

-investimento devido à presença de uma patologia que afeta o eu, reforço especial da articulação da pulsão com recalcado ou impressões e vivências semelhantes ao recalcado que fazem com que desperte.

O recalque se mostra como ferramenta para que a ideia gerada a respeito de algum objeto, representado como ameaça, não siga para o pré-consciente, âmbito que representa a ligação entre a consciência e a inconsciência.

Ideia 11 - Narcisismo

A temática foi desenvolvida por Freud a partir do livro *Sobre o narcisismo: uma introdução*, publicado em 1914. Para o psicanalista, o reflexo obtido por um indivíduo durante a primeira infância é revelado por meio das pulsões sexuais que possui em sua essência. Ao longo dos anos, os desejos são transferidos a outros objetos, contudo a pessoa ainda pode agir narcisisticamente. Isso porque as pulsões do eu também são libidinosas já que o indivíduo atribui uma característica sexual à própria imagem.

O conceito é baseado na história de Narciso, herói da mitologia grega conhecido por ser filho de Cefiso, deus do rio, e da ninfa Liríope. A construção do personagem foi baseada na vaidade, que o consome após se encantar com o seu reflexo nas águas de um lago. Após sua morte, a deusa Afrodite o transformou em uma flor de mesmo nome.

Narciso simboliza a vaidade e a insensibilidade, mas também a profundidade quando um indivíduo adquire consciência de si mesmo e experimenta seus próprios dramas.

Estágios

Sigmund Freud postulou que, durante o período da infância, algumas fases podem ser manifestadas pelo narcisismo. A primeira é reconhecida pelo imaginário psíquico formado pelo autoerotismo.

Em seguida, trata-se do estágio do espelho, teoria estudada posteriormente pelo psicanalista francês Jacques Lacan. Em poucas palavras, a construção do indivíduo se dá pelo produto das interferências no entendimento do outro e de si mesmo. A criança começa a compreender o que ela é e não é.

Contudo, as características narcisistas podem permanecer até a fase adulta, quando é possível observar a produção estética de si mesmo para situações que provocam a acentuação da identidade.

Sofrimentos

O narcisismo também está relacionado ao sofrimento do eu. No livro *O Mal-Estar da Civilização*, lançado em 1930, Freud demonstrou que a plenitude humana pode ser rompida devido aos obstáculos impostos pelas relações nas quais, geralmente, são exigidos comportamentos diferentes dos apresentados pelo indivíduo. A carência da lógica narcisista também pode levar a possíveis patologias, como as psicoses.

Por fim, Freud classifica o narcisismo em dois conceitos. O primário ocorre quando o eu é o objeto que armazena toda a libido disponível. Posteriormente, o investimento libidinal incide sobre objetos. Quando há o retorno dessa libido, após ter investido em representações externas, denomina-se narcisismo secundário. Com o retorno da libido, também podem surgir outras

Coleção Saberes

doenças, como um quadro hipocondríaco. Em *Luto e Melancolia*, Freud destacou como um indivíduo com predisposição a neuroses é vulnerável a situações em que a libido é abalada com a perda de um ente querido. Nesse estágio, é possível observar melancolia devido à recriminação própria.

Ideia 12 - Luto e melancolia

As diferenciações existentes entre luto e melancolia surgiram a partir das ideias sobre o narcisismo elaboradas pelo psicanalista. Ele explicou que a criança tem dois tipos de escolha de objeto: o anaclítico e narcísico. O primeiro tipo se refere à escolha de pessoas que cuidam dela como objeto sexual. No segundo, vê a si mesma como objeto de amor.

Na obra *Luto e melancolia*, no entanto, há um processo de perda do objeto amado e um processo de trabalho relacionado à perda. Ou seja, o vínculo que fora estabelecido inicialmente precisa ser desfeito para que possibilite a existência da relação amorosa com outros objetos (neste caso, o objeto se trata de uma imagem ou então de um ideal).

No caso do luto, com a perda, há um desinteresse pelo mundo exterior, menos por aqueles objetos ligados ao que foi perdido. Isso impossibilita a escolha de um novo objeto amoroso; em outras palavras, a substituição do que foi perdido pela novidade.

A dor inibe o paciente e restringe suas atividades. Junto a elas estão a diminuição da autoestima e o surgimento da autorrecriminação e da própria redução de valor (envilecimento). As características também são comuns à melancolia, com algumas distinções.

Diferenças

No luto, o objeto amado não existe mais e exige que as ligações com ele sejam terminadas, o que ocorre devagar. Nesse processo, cada ligação é evocada e supervalorizada, ressaltando momentos vividos juntos, emoções, entre outros aspectos. Já na melancolia, com a perda do objeto, há uma diminuição do interesse pelo mundo, a incapacidade de desenvolver nova relação amorosa, a autorrecriminação e a expectativa de punição.

Segundo Freud, o paciente sabe quem ele perdeu, mas não o que perdeu nessa determinada pessoa. O melancólico acredita que é moralmente desprezível e desvaloriza o próprio eu, insistindo em olhar criticamente para si mesmo. No entanto, isso levanta a suspeita do analista de que esses "defeitos" não se tratam dele mesmo, mas de outra pessoa.

O que ocorre, na verdade, é que a libido investida no objeto se volta para o próprio eu em vez de transferir para outro objeto, estabelecendo uma identificação com o que foi abandonado. O eu, então, começa a ser julgado por uma espécie de instância especial como se fosse um objeto, criando um conflito.

Por duas vezes, Freud utiliza o canibalismo como exemplo da substituição da escolha do objeto pela identificação. Isso porque a prática era baseada no fato de que o devorador iria incorporar as qualidades pertencentes ao devorado, inclusive sua força, o que gerava uma identificação com a vítima.

Ideia 13 - Ansiedade

Apesar de ser vista como um mal do século XXI, a ansiedade já era observada nos tempos de Freud. Para o psicanalista, sentir ansiedade não era um "privilégio" da vida adulta, com sua carga pesada de responsabilidades e expectativas.

Na visão do psicanalista, o ser humano já carrega a ansiedade consigo desde o seu primeiro evento traumático, ou seja, o próprio nascimento. Aqui, cabe o esclarecimento: traumático, nesse contexto, é o termo usado para se referir a um acontecimento que estimule profundamente os sentidos – obviamente, Freud não afirmou que nascer seja um problema.

Além da mãe, o filho também é profundamente impactado pela experiência do parto (lembrança que sobrevive apenas a nível inconsciente). Afinal de contas, pela primeira vez, o bebê deixa o conforto máximo do útero e é lançado em um mundo onde, constantemente, será desafiado a sobreviver.

Para Freud, todas as ansiedades futuras serão a repetição desse mesmo sentimento. Embora a mãe forneça à criança doses consideráveis de alimento e carinho, a progenitora não consegue lhe dar atenção ou compreender seus anseios todas as vezes. Quando tais desejos não são prontamente atendidos, esses ficam em suspenso até o momento da gratificação. Não saber lidar com tais estímulos durante esse intervalo é, por si só, ansiedade. Contudo, devido ao desenvolvimento e ao fortalecimento do ego com o tempo, há um maior equilíbrio emocional diante das situações ameaçadoras. Assim, a hipótese freudiana é a de que a ansiedade não existiria se esse controle fosse infalível.

Categorias

Freud dividiu a ansiedade em três categorias a partir dos seus estudos sobre o id, o ego e o superego.

1. **Ansiedade objetiva:** explicada como um conflito existente entre o ego e a realidade em si. Freud enxergava-a mais como medo do que ansiedade propriamente dita, pois está relacionada a um objeto conscientemente identificado, tangível no mundo real. É um traço relacionado à própria sobrevivência da espécie, já que o homem das cavernas não teria resistido à Pré-História se não estivesse alerta quanto aos predadores e outras ameaças. Entretanto, há casos em que o medo de algo real, por uma questão de interpretação, atinge níveis exacerbados.

É o que acontece quando um indivíduo apresenta recusa para sair de casa por temer a violência urbana, por exemplo, um assalto, morte ou estupro.

2. **Ansiedade neurótica:** definida como o choque entre o ego e o id. Remete à infância, surgindo a partir do conflito entre a gratificação e a realidade, quando as crianças são punidas por algum impulso sexual ou agressivo que apresentam. Nesse caso, o receio não é tanto dos instintos que emergem das profundezas do id, mas das punições que surgiriam da sua realização.

3. **Ansiedade moral:** representada pelo embate existente entre o id e o superego. Ela ocorre quando se manifesta algum desejo do id que esteja em desacordo com

Coleção Saberes

o código moral do indivíduo. Há, então, uma resposta do superego, manifestada na forma de culpa ou sentimento de vergonha. Sendo assim, o nível de ansiedade moral é diretamente proporcional ao desenvolvimento da consciência. Pode-se afirmar que pessoas com menos virtudes são menos propensas a sofrer de ansiedade moral.

Ideia 14 - O divã

Apesar de estar em desuso atualmente, o sofá sem encosto se tornou símbolo da psicanálise. Freud ganhou o móvel como presente de uma paciente que desejava se sentir confortável para ser examinada. Com o tempo, o psicanalista notou que os pacientes, deitados de barriga para cima e observando o teto, sentiam-se mais à vontade para falar sobre os problemas e olharem para dentro de si. Isso porque a situação de face a face poderia fazer com que o paciente buscasse sinais de reprovação ou aprovação nos olhares do analista, interferindo em sua associação livre.

Contudo, há outra versão para essa história. Devido ao câncer, Freud passou por 32 cirurgias de maxilar e, diversas vezes ao dia, sua filha Anna retirava as próteses do pai para limpá-las. Assim, a aparência, o odor e a expressão de dor poderiam incomodar o paciente que buscava alívio.

PARA FIXAR NA MEMÓRIA

▶ O caso Anna O. permitiu que Freud estudasse o método de transferência, em que o analista é destituído de suas características reais e adquire outros significados no inconsciente do paciente;

▶ O aparelho psíquico é dividido em inconsciente, consciente e pré-consciente. No inconsciente, encontram-se os medos, as motivações egoístas, impulsos inaceitáveis, desejos irracionais e experiências traumatizantes;

▶ Id, ego e superego são os três elementos da personalidade. O ego garante que os impulsos do id sejam expressos na realidade de forma adequada. O id é a característica do inconsciente regida pelo prazer individual e o superego fornece o senso de certo e errado, além de ser responsável por produzir julgamentos;

▶ O Complexo de Édipo explica a identificação com os pais ou a falta dela;

▶ Os sonhos levam ao conhecimento do inconsciente;

▶ Existem cinco fases da sexualidade: oral, anal, fálica, de latência e genital;

▶ O recalque evita a atividade do inconsciente para impedir o desprazer;

▶ Algumas características narcísicas podem permanecer até a vida adulta, provocando patologias;

▶ O luto e a melancolia têm relação com a perda do objeto amado.

4

LEGADO

As contribuições mais importantes de Freud são suas análises do indivíduo e de seu relacionamento com o meio social. O trabalho psicanalítico ajudou a compreender como as frustrações sexuais poderiam provocar sintomas ou causar sofrimento, dificultando o relacionamento da pessoa com o ambiente.

Os estudos relacionados ao inconsciente impactaram outras áreas da sociedade e, após a morte de Freud, seus discípulos, amigos e até desertores continuaram a aprofundar a teoria.

As sementes da psicanálise

Ao longo da história, diversas escolas psicanalíticas surgiram para englobar as questões de cada época em que estavam inseridas e com o intuito de conhecer mais sobre a teoria elaborada por Sigmund Freud. As correntes podem ser divididas como:

Escola freudiana: voltada para o uso da associação livre de ideias, em que o paciente se expressa livremente sobre o que surge de forma espontânea em sua mente. Com a verbalização, o psicanalista percebe as manifestações reprimidas do paciente. Descreve o debate de polos instintivos e repressores, cujo resultado do conflito é visto na representação simbólica formada por sintomas. Alguns nomes de referência dessa escola são Anna Freud, Karl Abraham, Sandor Ferenczi e Wilhelm Reich.

Teóricos das relações objetais: essa vertente concedeu destaque ao Complexo de Édipo e o considerou como matriz da psicanálise.

Além disso, procurou solucionar problemas relacionados ao período da infância. Uma das figuras mais emblemáticas dessa escola foi a psicanalista austríaca Melanie Klein. Para ela, o bebê, nos três primeiros meses de vida, já tem a capacidade de experimentar a ansiedade do ambiente interno e externo.

Além disso, segundo a teórica, o bebê entende que há o seio bom (a mãe que alimenta e conforta) e o seio mau (mãe ausente e que demora a atender a seus desejos), enxergando-os como seres distintos. Com o passar do tempo, entende que se trata de uma única pessoa e ela mesma tem sua individualidade.

Escola de psicologia do *self*: a tese foi elaborada pelo psicanalista Heinz Kohut, considerado um transgressor por se distanciar dos conceitos mais tradicionais da psicanálise.

Segundo sua concepção, o *self* da criança ainda não é desenvolvido e, por essa razão, ela se apoia em *self*-objetos a fim de garantir as funções psicológicas.

Escola de psicologia do ego: a teoria se dedicou à produção de hipóteses a respeito do papel do processo de separação-individuação da criança. A psicanalista Margaret Schönberger Mahler foi a principal figura da corrente e também estudou o desenvolvimento dos pequenos, enfatizando a influência do ambiente em que se encontravam.

Winnicott: o psicanalista inglês Donald Woods Winnicott estudou o bebê e a mãe como uma unidade psíquica, atrelando a descrição de ambos. Na visão do estudioso, a mãe é o que garante o desenvolvimento saudável da criança, pois atende às necessidades. Porém, se a relação não estivesse em consonância, a figura materna poderia provocar distorções na relação da criança com sua espontaneidade.

Escola francesa: o nome mais proeminente desta corrente é o francês Jacques Lacan. Inspirou-se no movimento surrealista e debruçou-se sobre o estudo da linguagem, fugindo do caráter biológico da psicanálise existente na época. Para ele, o inconsciente era entendido como uma forma de linguagem. Em 1953, propôs que a essência do indivíduo era formada por três diferentes setores de referência imagética: real, imaginário e também simbólico. O primeiro é uma das formações que garante a realidade, mas não se assemelha a ela. Já o segundo parte da associação de imagens realizada por seres do reino animal para relacioná-la ao ser humano e sua compreensão de costumes que formam a relação existente com o outro. E o simbólico é representado pelo inconsciente, que ganha forma com elementos ligados às relações vivenciadas em conjunto, sejam afetivas, sociais ou sexuais.

Legado

As maiores contribuições de Freud para a psicologia são a escuta – o principal pilar profissional –, a inauguração da psicanálise como disciplina e a teoria sobre o inconsciente.

O austríaco foi o responsável por descobrir o fenômeno da transferência, que pode fazer com que o paciente desenvolva uma relação de amor e ódio com o psicanalista. Assim, ajudou a conceituar os limites da eficácia terapêutica da palavra. Outros conceitos foram explorados, como resistência, compulsão à repetição, pulsão de morte e castração.

O complexo de castração é visto como uma das principais barreiras ao tratamento. Nas mulheres, apresenta-se como uma inveja do pênis, um esforço para possuí-lo porque o abdicou na passagem do Édipo. Nos homens, quando há consciência dos órgãos genitais, os meninos assumem que o pênis feminino foi cortado, criando a angústia de que o seu também será removido por seu rival (no caso, o pai) por desejar a figura materna.

A prática clínica

Atualmente, a psicanálise está presente em hospitais, em ambulatórios dos cursos de psicologia das universidades, no tratamento de jovens condenados a medidas socioeducativas e em varas judiciais. Nesses casos, uma equipe multidisciplinar trabalha em conjunto para escutar o paciente e

Coleção Saberes

fazer com que haja uma melhor compreensão sobre as próprias atitudes. Questões como perversão, agressividade e autodestruição também podem ser trabalhadas no âmbito clínico. Além desses pontos, há o trabalho com temas atuais como ansiedade, eventos traumáticos (acidentes, sequestros, assaltos etc.) e o ciúme. Em geral, as principais consultas têm foco na identificação dos aspectos limítrofes que irão determinar o ritmo das sessões e como serão adaptadas à estrutura do paciente. Ou seja, observa-se o quanto fala e sobre o que se fala.

Fale o quanto puder e sobre o que quiser

Outra grande contribuição de Freud foi o uso da livre associação, ferramenta fundamental da psicanálise. Com ela, o cliente se sente relaxado e diz o que vem à mente, sem vergonhas. O terapeuta, então, age como ouvinte, mas também orienta o paciente a se escutar, aprender a fazer escolhas, responsabilizar-se por elas e assumir as rédeas da própria vida, sabendo lidar com alguns embaraços que possam acontecer.

PARA FIXAR NA MEMÓRIA

▶ Freud ajudou a compreender como as frustrações sexuais podem provocar sintomas e sofrimentos;

▶ Seus estudos deram origem à diversas escolas psicanalísticas, como a freudiana, a das relações objetais, da psicologia do *self*, da psicologia do ego e a lacaniana;

▶ O maior legado deixado foi o uso da livre associação e a descoberta de limites para sua eficácia terapêutica, como a resistência, as pulsões e a castração;

▶ Atualmente, a psicanálise lida com questões como agressividade, autodestruição, ansiedade, traumas e ciúme.

5

CONTROVÉRSIAS E CRÍTICAS

O psiquiatra suíço Carl Gustav Jung parecia um discípulo psicanalítico promissor até o momento em que rompeu com as ideias freudianas. Durante anos, havia defendido as descobertas de Sigmund e tinha se tornado até mesmo presidente da Associação Psicanalítica Internacional. Entretanto, o fundador da psicologia analítica alimentava discordâncias com o pai da psicanálise em relação aos temas da sexualidade, da espiritualidade e da estrutura psíquica da mente.

Diferente de Freud, o suíço a estrutura da mente em três instâncias: o consciente, o inconsciente pessoal e o inconsciente coletivo. Este último reunia as experiências que as pessoas vivenciam ao longo dos séculos e compartilham entre si. Com

Coleção Saberes

tal conceito, Jung se apoiou na coletividade, inclusive no tratamento de pacientes. A caracterização arquetípica realizada pelo psiquiatra auxiliou na compreensão de tipos definidos durante a terapia. Já para o psicanalista, o inconsciente estava associado a imagens originárias de traumas vivenciados pelo indivíduo ou por um fundo de desejos reprimidos, considerados eticamente invioláveis.

Outras discordâncias eram em relação aos laços emocionais envolvendo a pessoa analisada e o analista, e a importância demasiada dada à questão da libido. Para Jung, as aspirações humanas iam além e incluíam as dimensões estéticas e espirituais. Isso se deve, em parte, à base religiosa de sua família, o que o fazia acreditar que a psique humana era religiosa e a espiritualidade seria uma maneira de o ser humano se ligar a algo superior e estabelecer símbolos, rituais e crenças religiosas. Contudo, para Freud, a religião era equivalente a uma culpa irracional que os indivíduos não deveriam carregar.

Em 1912, a publicação de *Transformações e Símbolos da Libido*, de Jung, marcou o rompimento definitivo dos dois estudiosos.

Ao buscar ir além do aspecto sexual percebido no comportamento da criança, a teoria junguiana questionava o conteúdo dos sonhos analisados por Freud. Segundo as avaliações do suíço, a análise dos elementos oníricos deveria ser feita de maneira conjunta (corrente conhecida como método interpretativo sintético) e não individual, assim como é feito pela corrente freudiana (método denominado interpretativo analítico).

Coleção Saberes

Visão behaviorista

Os estadunidenses Burrhus Frederic Skinner e John Broadus Watson foram dois grandes psicólogos behavioristas. Essa corrente comportamental, diferente da psicanálise, possui material de análise visível e identificável: o comportamento humano e sua repetição. Por meio dela, pesquisadores puderam reproduzir experimentos e tornaram-se mais aptos para entender as relações humanas e por que aconteciam.

Em resumo, dois pontos principais regem a vertente behaviorista: o conceito de reflexo (conforme estímulo externo direto) e o comportamento operante (ou seja, o ser humano age conforme variações genéticas, ambientais e de comportamentos presentes no ambiente). O reforço é considerado o princípio fundamental do segundo conceito, pois é capaz de aumentar a frequência ou possibilidade de um mesmo comportamento ocorrer novamente. Isso se deve à existência de um reforçador positivo ou negativo. Já a punição, atua no sentido de enfraquecer uma resposta ou suprimi-la por um tempo, também com a possibilidade de ser negativa ou positiva. As consequências dessas mudanças no comportamento são chamadas de condicionamento operante.

Ainda para Skinner, a maior parte do comportamento humano é aprendida e, a fim de compreender a personalidade, é necessário observar como e sob quais condições as atitudes são aprendidas. Isso porque, apesar de serem submetidos a leis parecidas, cada pessoa vive em condições ambientais diferentes e, dessa maneira, apresenta um conjunto de comportamentos (personalidade) diverso.

Coleção Saberes

É neste momento que os behavioristas tecem a tese de que o comportamento é mutável, fluido e evanescente. A história da pessoa, o ambiente familiar, o lugar onde vive, as condições sociais e culturais, bem como a interação com o meio influenciam nas respostas do indivíduo. Assim, a personalidade não seria a origem do comportamento, já que o homem é formado a partir da interação com o ambiente.

Além disso, os teóricos comportamentais abandonam as concepções mentalistas e retiram da "mente" o seu papel de definidora. Assim, suas funções seriam sujeitas ao contexto em que está o indivíduo.

Diferente de Freud, em que a mente é considerada um sistema complexo e não totalmente acessível, cujo controle se daria pela relação de consciente e inconsciente.

> "A estratégia metodológica de Freud não permitiu que a psicanálise fosse incorporada adequadamente no conjunto das ciências. Era inerente à natureza de tal sistema explicativo que suas entidades fundamentais seriam inquantificáveis, enquanto as entidades científicas de maneira geral são quantificadas."
>
> **B. F. Skinner em *Crítica dos conceitos e teorias psicanalíticos***

Outra grande crítica foi realizada em 1954, ano em que Skinner publicou a *Crítica dos conceitos e teorias psicanalíticos*. Ele postulou que os aparatos mentais elaborados por Freud não eram delimitados com precisão dentro da própria tese psicanalítica. Além disso, não havia, em Freud, uma delimitação do objeto de estudo, sequer processos

Coleção Saberes

que possam ser observados e manipulados. Seria impossível comparar objetos. Em resumo, a psicanálise não permitia a experimentação de seu objeto e afastava-se dos problemas científicos legítimos.

Ciência recente

As investigações científicas atuais contam com materiais tecnológicos para monitorar a atividade cerebral, recurso que ofereceu muitas respostas para a neurociência no que diz respeito ao funcionamento do órgão. Assim, esse ramo do conhecimento identificou lacunas na teoria psicanalítica, já que, segundo esta, os transtornos psicológicos são causados por traumas e desejos reprimidos. Hoje em dia, já ficou provado que existem distúrbios com motivações fisiológicas do cérebro – a depressão, por exemplo, tem como uma das causas alterações no funcionamento dos neurotransmissores. Além disso, há a crítica de que todos os questionamentos elaborados contra a psicanálise são rebatidos com o argumento de que a não aceitação do diagnóstico nada mais é do que a repressão de impulsos.

Outra divergência entre essas duas esferas do saber são os sonhos. Sob o ponto de vista de Freud, as cenas que passam pela mente humana durante o sono são, basicamente, manifestações de desejos reprimidos no inconsciente. Já a neurociência afirma se tratar de uma espécie de ferramenta de organização e assimilação dos acontecimentos do dia — separando as informações que serão apagadas do cérebro daquelas destinadas à memória de longo prazo.

Em outras áreas

Autor do livro *Le Crépuscule d'une idole, l'affabulation freudienne* (em tradução livre para o português, *O*

Coleção Saberes

Crepúsculo de um ídolo, fabricações freudianas), o filósofo Michel Onfray é um dos principais críticos da obra de Sigmund Freud. Em sua publicação, ele compara a psicanálise à religião devido à falta de cientificidade que enxerga em seu desenvolvimento.

Na visão de Onfray, o psicanalista austríaco reuniu suas experiências pessoais, instintos e necessidades fisiológicas em uma tese que tentou aplicar em todos os seres. Outra acusação é a de que Freud mentiu sobre os resultados obtidos para mascarar suas falhas.

Já Frederick Crews, crítico inglês e autor de *Freud: The Making of an Illusion* (*Freud: a criação de uma ilusão, em tradução livre*), questiona o uso da cocaína recomendado pelo psicanalista a alguns pacientes. Além disso, critica a falta de cientificidade em muitas das publicações freudianas.

Entretanto, a psicanálise se defende ao afirmar que é constituída por teoria, método e técnica, como qualquer outro saber. Dessa maneira, a eficácia é comprovada por cada paciente que passa pelo processo. Este, por sua vez, possui regras próprias de funcionamento elaboradas por Freud e adaptadas por seus sucessores.

Religião

É possível dizer que Freud possuía um relacionamento ambíguo em relação à religiosidade. Apesar de se declarar ateu, chegou a considerar a religião como uma "neurose obsessiva universal" e a utilizava como tema com frequência em suas obras. Contudo, sua opinião era polêmica na época.

A manifestação religiosa era vista por Freud como um reflexo do desamparo sentido pelo indivíduo na primeira infância. A figura do pai passa,

Coleção Saberes

então, a ser exaltada e, a partir daí, surge um tipo de "neurose obsessiva" universalmente aceita pela humanidade. Esse fenômeno seria desencadeado pelo Complexo de Édipo. A criança, que antes tinha todo o cuidado da mãe, passa a dividir a atenção com a figura do pai. Tal interpretação sentimental se associa ao amor e ao temor a um "Deus" benevolente, para que, dessa forma, não sejam vivenciados os efeitos do desamparo durante a vida adulta. Assim, tratava-se de uma maneira de projetar a figura do pai biológico no pai divino (Deus).

Outra percepção foi a de que a ciência e a religião não estão passíveis de se envolver em um mesmo universo. Isso porque os conceitos construídos divergem em sua causa e propósito – enquanto a ciência apela à comprovação, a religião está associada à pretensão humana. Freud conclui que, por esse motivo, o caminho para o crescimento seria o apego ao intelecto, enquanto o traço religioso deveria entrar em obsolescência, pensamento considerado controverso na época.

PARA FIXAR NA MEMÓRIA

▶ Em princípio, o psiquiatra Carl Gustav Jung parecia um discípulo promissor. Em 1912, rompeu com as ideias freudianas, principalmente em relação à libido, à religiosidade e ao inconsciente;

▶ Em 1954, Skinner criticou a falta de delimitação do objeto da psicanálise e a impossibilidade de experimentação em laboratório;

▶ Atualmente, a neurociência descobriu que transtornos psicológicos podem ter origem em modificações fisiológicas;

▶ Os sonhos, hoje em dia, são considerados como ferramenta de organização e assimilação das informações obtidas durante um dia;

▶ O filósofo Michel Onfray e o crítico Frederick Crews enxergam falta de cientificidade no desenvolvimento da psicanálise.

Fontes consultadas

Ana Celina Pires de Campos Guimarães, psicóloga clínica, especialista em saúde mental e professora no UNISAGRADO.

André Gellis, psicólogo e professor assistente doutor da Universidade Estadual Paulista (Unesp).

Andrezza Ferrari, pós-graduada em psicologia junguiana no Instituto Junguiano de Ensino e Pesquisa (IJEP) e terapeuta vibracional.

Angela Philippini, psicóloga com especialização em arteterapia de abordagem junguiana.

Araceli Albino, psicanalista, coordenadora do curso de psicanálise do Núcleo Brasileiro de Pesquisas Psicanalíticas (NPP).

Carolina Careta, psicóloga clínica e coach.

Cristiane M. Maluf Martin, especialista em psicanálise, psicodiagnóstico e ludoterapia.

Érico Bruno Viana Campos, psicólogo, psicoterapeuta de orientação psicanalítica e professor assistente doutor da Unesp.

Gino Cammarota, psicanalista graduado pela Sociedade Brasileira de Psicanálise Integrativa (SBPI).

Hermínia Maria Lopes de Souza, psicóloga.
João Vitor Wrobleski, psicólogo e pesquisador da psicanálise.

Laís Helena da Rocha, médica, psicoterapeuta e hipniatra.

Lucia Maria Amaral, especialista em psicanálise e psicóloga clínica.

Luciana Saddi, psicanalista e membro efetivo da Sociedade Brasileira de Psicanálise.

Luciana Guarreschi, psicanalista, membro da Escola Internacional dos Fóruns do Campo Lacaniano

Maria Cristina Urrutigaray, psicóloga e analista didática junguiana e mestre em psicopedagogia.

Marco Antonio Coutinho Jorge, psiquiatra, psicanalista e professor da Universidade do Estado do Rio de Janeiro e diretor do Corpo Freudiano Escola de Psicanálise-Seção Rio de Janeiro.

Marco Aurélio de Carvalho Silva, psicólogo com

especializações em clínica psicanalítica.

Mauro Gertner, psicanalista formado pelo Instituto des Humanites de Bruxelas (Bélgica), com experiência em análise junguiana.

Paula Tavares da Cunha Melo, psicóloga junguiana e professora universitária.

Rodrigo Alencar, psicólogo, psicanalista e membro do Laboratório Psicanálise e Política, vinculado à Pontifícia Universidade Católica (PUC).

Rosa Felizardo, psicóloga junguiana.

Sérgio Lima, psiquiatra e mestre em psicologia.

Silvia Malamud, psicóloga clínica com abordagem psicodinâmica com base em Winnicott. Certificada em EMDR pelo EMDR Institute/EUA.

Artigos consultados

A transferência de Freud. Elisabete Monteiro. Disponível: http://pepsic.bvsalud.org/scielo.php?script=sciarttext&pid=S1415-71281999000200016. Acesso em 26 jul. 2019.

Austrian Intellectual History before the Liberal Era: Grillparzer, Stifter, and Bolzano. David S. Luft, 2010. Disponível em: https://doi.org/10.1017/S006723780999004X. Acesso em 26 jul. 2019.

Clínica Psicanalítica: Aproximações Histórico-Conceituais e Contemporâneas e Perspectivas Futuras. Luiz Augusto M. Celes, 2010. Disponível em: http://www.scielo.br/pdf/ptp/v26nspe/a06v26ns.pdf. Acesso em 26 jul. 2019.

Crítica conceitos e teorias psicanalíticas. B. F. Skinner, 2011. Disponível em: http://pepsic.bvsalud.org/scielo.php?script=sci_arttext& pid=S1517-24302011000200009. Acesso em 26 jul. 2019.

Genealogia do conceito de transferência na obra de Freud. Geselda Baratto, 2010. Disponível em: http://pepsic.bvsalud.org/scielo.php?script=sci_arttext-t&pid=S1415-71282010000100015. Acesso em 26 jul. 2019.

O "caso Dora": algumas considerações acerca da sua redação. Ana Carolina Soliva Soria, 2008. Disponível em: http://www.revistas.usp.br/filosofiaalema/article/view/64789. Acesso em 26 jul. 2019.

O desenvolvimento do conceito de pulsão de morte na obra de Freud. Monia Karine Azevedo e Gustavo

Adolfo Ramos Mello 338952_5.pdf_October 21, 2019_12:02:23 Neto, 2015. Disponível em: http://pepsicbvsalud.org/scielo.php?script=sci_arttext-t&pid=S2359-07692015000100008. Acesso em 26 jul. 2019.

O conceito de repetição e sua importância para a teoria psicanalítica. Escrito por: Leonardo Pinto de Almeida e Raul Marcel Filgueiras Atallah, 2008. Disponível em: http://dx.doi.org/10.1590/ S1516-14982008000200003. Acesso em 26 jul. 2019.

Psicanálise, teoria e clínica: reflexões sobre sua proposta terapêutica. Nadja Nara Barbosa Pinheiro, 1999. Disponível em: http://dx.doi.org/10.1590/ S1414-98931999000200004. Acesso em 26 jul. 2019.

Sexualidade e pulsão: conceitos indissociáveis em psicanálise?. Ney Klier Padilha Nettol e Marta Rezende Cardosoll, 2012. Disponível em: http://dx.doi.org/10.1590/S1413-73722012000300018. Acesso em 26 jul. 2019.

Skinner e uma crítica a Freud: apresentação e considerações. Vários autores, 2011. Disponível em: http://pepsic.bvsalud.org/scielo.php?script=sci_arttext&pid=S1517-24302011000200010. Acesso em 26 jul. 2019.

Sobre a destrutividade nas relações amorosas: contribuições psicanalíticas de Freud e de Winnicott. Ana Paula Dilger, 2015. Disponível em: https://acervodigital.ufpr.br/handle/1884/40937. Acesso em 26 jul. 2019.

Sobre o legado de Breuer e Anna O. Fabiano Chagas Rabêlo, 2011. Disponível em: http://pepsic.bvsalud.org/scielo.php?script=sci_arttext&pid=S0101-48382011000200009. Acesso em 26 jul. 2019.

Transferência e Complexo de Édipo, na Obra de Freud: Notas sobre os Destinos da Transferência. Lara Cristina d'Avila Lourenço, 2005. Disponível em: http://www.scielo.br/pdf/prc/v18n1/24828.pdf. Acesso em 26 jul. 2019.

Viena, Áustria: notas sobre o contexto de emergência da psicanálise. Monah Winograd e Perla Klautau, 2014. Disponível em: http://pepsic.bvsalud.org/scielo.php?script=sci_arttext&pid=S0101-48382014000200002. Acesso em 26 jul. 2019.

Livros consultados

A Felicidade Paradoxal – Ensaio Sobre a Sociedade de Hiperconsumo. Gilles Lipovetsky. São Paulo: Companhia das Letras, 2006.

A interpretação do sonho, 1900. Luiz Alfredo Garcia-Roza. Rio de Janeiro: Jorge Zahar Ed., 2008.

Artigos de metapsicologia, 1914- 1917 – narcisismo, pulsão, recalque, inconsciente. Luiz Alfredo Garcia-Roza. Rio de Janeiro: Jorge Zahar Ed., 2008.

Escritos sobre a guerra e a morte. Sigmund Freud. Covilhã: Universidade da Beira Interior, 2009.

Freud – Cinco lições de psicanálise (1910). Sigmund Freud. Cienbook, 2019.

Freud e o inconsciente. Luiz Alfredo Garcia-Roza. Rio de Janeiro: Jorge Zahar Ed., 2009.

Fundamentos psicanalíticos – Teoria, técnica e clínica. David E. Zimerman. Porto Alegre: Artmed, 2010.

Introdução ao narcisismo, ensaios de metapsicologia e outros textos (1914-1916). Sigmund Freud. São Paulo: Companhia das Letras, 2010.

Segunda edição (outubro/2022) · Sexta reimpressão
Papel de miolo Lux cream 70g
Tipografia Colaborate, Cheddar Gothic Sans e Visby
Gráfica Melting